Beziehungsunfähig

Ist mein PARTNER oder bin ICH beziehungsunfähig?

Wie konnte es soweit kommen -
Unsere Generation Single

Auflage 2016 Februar
ISBN 13:-978-1539005186
ISBN-10: 1539005186

Webseite tbreise.buch-autoren.de
Email: tbreise@tbreise.buch-autoren.de
Infos zu Impressum:

T.Breise

c/o Autoren.Services

Zerrespfad 9

53332 Bornheim
Gestaltung :Jason Masters Photography
Bilder:Pixabay.com Photography

Newsletter Eintrag für Neuerscheinungen,
bitte per Email Anfrage an:
newsletter@tbreise.buch-autoren.de

T. Breise

Beziehungsunfähig

Ist mein PARTNER oder bin ICH beziehungsunfähig?

Wie konnte es soweit kommen -
Unsere Generation Single

Inhaltsverzeichnis

Einleitung: "Generation beziehungsunfähig"

Er selbst war wohl am meisten überrascht vom Erfolg seines Buchs. Dabei hätte Michael Nast, Autor des Bestellers "Generation Beziehungsunfähig" gewarnt sein müssen. Denn seinen Blogbeitrag zum selben Thema hatten 1,5 Millionen Menschen gelesen.

Er musste in ein Wespennest gestochen haben, zumindest zieht er heute durch die Lande wie ein Rockstar, füllt mühelos Säle mit 1500 Zuhörern, meist Frauen. Dabei will er genau das nicht sein, was die Frauen bei ihm suchen: ein Beziehungsratgeber. Er hat nicht die Gute Botschaft im Gepäck, er konstatiert nur, schonungslos: "Wir sind beständig auf der Suche nach etwas Besserem, besseres iPhone, bessere Turnschuhe, einen besseren Partner. "

Wenn man im Internet alles schneller, billiger, unverbindlicher haben kann, warum nicht auch die optimierte Frau 2.0 oder Mann 3.0? Nast Diagnose? Die "Generation Beziehungsunfähig " ist selbstsüchtig, perfektionistisch und die Liebe sollte diese schöne egozentrische Welt nicht belasten.

"Jedes Detail wird zum Statement, das unser Ich unterstreichen soll: Mode, Musikrichtung, Magazine, wie man sich ernährt", und in diesem Dauerzustand der Selbstoptimierung kommt dann irgendwann, vielleicht, auch noch eine Beziehung. Auch selbst optimiert.

"Die Beziehungs- und Bindungsunfähigkeit, von der heutzutage so viel die Rede ist, ist nichts anderes, als das Streben nach vermeintlicher Perfektion. Man weiß einfach, dass es irgendwo auch noch einen anderen gibt, der das eigene Leben sinnvoll ergänzt." Sinnvoll voll optimiert.

Die meisten Hollywood-Filme können auf einen simplen Punkt subsumiert werden: "Boy meets girl." Spannend, ja, eigentlich einfach, aber auch die komplizierteste Geschichte der Welt (wenn man einmal überlegt, welch´ Ungemach nach den vielen Film-Happy-Ends in der realen Welt noch so passieren könnte).

"Generation Beziehungsunfähig" hat ganz offensichtlich einen Nerv getroffen. "Es gibt in Berlin zu viel Auswahl, hier leben so viele Menschen, so viele potenzielle Partner," schreibt der Bestseller-Autor. "Und wenn mal eine Beziehung nicht klappt, hat man ja noch genug Alternativen. Mit diese Einstellung geht die Ernsthaftigkeit, mit der man an Beziehungen herangeht, verloren."

Es gehe um eine Generation, die nach Perfektion strebe. Wenn sie das Optimum für sich nicht herausholen können, lassen sie ab von dem, was sie sich vorgenommen haben.

Neues anfangen oder aufgeben? Eine Generation von Selbstdarstellern wuchs da heran, jeder will sein kleines I-Phone, Louis Vuitton oder Nike sein, eine eigene Marke. Eine Marke, die sich verkaufen muss.

Und dann wird deutlich, dass Autor Nast vor allem von der Generation Internet spricht: "Die Leute gehen tatsächlich nicht mehr ans Telefon, schreiben nur noch Nachrichten. Verabredungen zu treffen fällt zunehmend schwer, da sich bis kurz vorher niemand festlegen will. Du kommunizierst mit deinen Freunden auf WhatsApp und Facebook, sitzt aber dabei immer zu Hause alleine in deinem Zimmer. Überall herrscht Distanz. Direkte Konfrontation und Kommunikation wird vermieden."

Entweder die Beziehung ist perfekt oder man lässt sie ganz. Auf dem Weg zur Selbstverwirklichung will sich die Generation B nicht von Paarproblemen stören lassen.

Eine Benutzungsanleitung für die Liebe gibt es (zum Glück) nicht. Doch der Handy-Dienst Tinder (dt. Zunder) hat das Daten für viele Deutsche revolutioniert.

Zwei Millionen von ihnen haben den Dienst abonniert, den Spöttern "das McDonalds der Liebe" benennen.

Worum geht es? Der Dienst auf dem Handy findet Gleichgesinnte, die sich in näherer Entfernung befinden. Anhand eines Profils kann der andere Benutzer entscheiden, ob er eine Konversation beginnen will. Vom Treffen in der Nähe ist es dann ein kurzer Weg ins Bett....

Der Erfolg scheint vor allem auf der Hoffnung basieren, denn nach wissenschaftlichen Zahlen trifft sich nur jeder Fünfte mit einer Tinder-Dulcinea.

Tinder ist keine Modeerscheinung, es ist der Ausdruck einer Generation, die den schnellen Sex sucht. Ohne großen Aufwand, ohne Wartezeit, ohne eine richtige Bindung eingehen zu müssen. Diese Generation verbringt die Tage auf dem Bildschirm ihres Iphones-, erklärt die Welt in 140 Zeichen (Twitter), Gefühle werden mit Smileys ausgedrückt, oder man verschanzt sich unter einem Kopfhörer, um die Geräusche des normalen Lebens zu vermeiden.

Spuren der Verwüstung

Man kann sich dem Phänomen nähern wie ein Psychotherapeut: Die Ursachen für Beziehungsunfähigkeit sind oft tief im Unterbewusstsein verwurzelt. Und die Diagnose auch für Psychologen oft schwierig. Der Grat zwischen alltäglicher Beziehungsangst und kompletter Beziehungsunfähigkeit ist erdenklich schmal.

Normale Ängste vor einer festen Bindung können sich noch auf natürliche Weise regeln lassen. Durch Gespräche mit Freunden und Freundinnen, womöglich mit Hilfe eines Psychotherapeuten oder eines Paartherapeuten. Vorausgesetzt natürlich, dass der oder die Bindungsängstliche sein Problem auch sieht.

Die klar beziehungsunfähigen Menschen - und das ist die erste Schwierigkeit - sehen sich selber gar nicht als so problematisch, zerstörerisch an. Und lehnen logischerweise meist einen Eingriff von außen Psychologe, Paartherapeut drastisch ab. Dabei ist das Problem ohne Hilfe von außen kaum lösbar.

Eine Liebesbeziehung erfordert Voraussetzungen: Offenheit und Fähigkeiten von beiden Seiten. So banal es für manche klingen mag, gegenseitiges Empathievermögen, also sich in den anderen hineinversetzen können, spielt eine eine elementare

Rolle. Wer Bedürfnisse nicht wahrnimmt kann natürlich auch nicht darauf eingehen.

Eine feste Beziehung bringt (außer im besten Fall wilden Sex und romantische Abende am Kaminfeuer) auch Pflichten mit sich. Je länger die Bindung andauert, desto enger kann sie werden - oder desto trostloser. Oft (aber nicht immer) sind es die Frauen, die irgendwann mehr wollen: "gemeinsame Projekte", "gemeinsame" Pläne, kurz: dass es eine Perspektive, eine gemeinsame Zukunft gibt. Das passiert millionenfach von Kiel bis München, mit der bedeutenden Ausnahme: beziehungsunfähige Menschen sind überhaupt nicht in der Lage, eine enge Bindung aufrecht zu erhalten, oft sogar unbewusst.

Und nun das Paradoxon: Auf der einen Seite boykottiert die Generation B (beziehungsunfähig) ihre Beziehung, die ernst zu werden droht. Gleichzeitig aber sehnen sie sich nach Liebe, Nähe, Wärme, Geborgenheit. All das, was sie nur schlecht ertragen können.

Offenbar ist die Angst größer als die Hoffnung. Die Generation B ist zu egozentrisch und egoistisch für eine echte Beziehung, weil sie die Bedürfnisse des Partners nicht wahrnehmen will oder kann, eigenen Bedürfnisse dominieren die des Partners. Mit Gefühlen halten sie hinterm Berg - es könnte ja mal gegen sie benutzt werden.

Oft kann der überraschte Partner erst spät erkennen, mit wem er sich da eingelassen hat. Denn, wie bereits gesagt, die Grenzen zwischen Menschen mit etwas Angst vor der Bindung und der Generation B sind mitunter fließend. Denn in der Anfangsphase einer Beziehung, der rosa Verliebtheitsphase, kann die Genration B durchaus das Gefühl geben (und auch haben), die große Liebe gefunden zu haben und so viel Zeit wie möglich miteinander verbringen wollen. Erst später taucht das Phantom auf: Warum suchen er/sie ständig Abstand?

Die wenigsten Beziehungsunfähigen erkennen ihr Problem, wie gesagt, selbst. Hier beginnt das noch größere Problem: Da mit ihnen alles in Ordnung ist, muss der Partner Schuld sein. Und eine Spirale in Richtung Abgrund der Beziehung beginnt.

Es kommt die Zeit der Ausreden. Arbeit, Hobbys , Freunde Fußball, alles ist wichtiger als die Beziehung. Eine Ausrede jagt die andere, um nur der Beziehung aus dem Weg zu gehen. Die vermeintlich geliebte Person wird auf Distanz gehalten. Der beziehungsunfähige Mensch will den Partner gar nicht mitnehmen in seine eigene Welt: Freunde, Hobbys, Urlaub. Gerechtfertigt wird das, dass doch jeder seinen eigenen Freiraum brauche. Für die beziehungsunfähige Person sind dies nur Vorwände, um sich nicht in die gefürchtete Abhängigkeit und Kontrolle zu begeben. Es werden keine Freiräume aufrecht erhalten, sondern Mauern aufgebaut.

Der Beziehungsunfähige kann und will sich nicht festlegen. Daraus resultieren oft Verhaltensmuster, die langfristig ein Scheitern der Beziehung provozieren. Bewusst oder unbewusst wird der Partner belogen und verletzt. Es folgen Stress und Streit. Unzuverlässigkeit ist ein weiteres häufig auftretendes Symptom.

Auf subtile Weise wird so der Weg zum Ende der Beziehung geebnet. Aus Furcht vor Verletzungen wird präventiv die Rolle des Verletzenden eingenommen. Der beziehungsunfähige Mensch möchte - bewusst oder unbewusst - dem anderen zuvor kommen.

Ein weiteres Merkmal der Beziehungsunfähigkeit besteht darin, dass übertrieben hohe Ansprüche an den Partner gestellt werden. Dass das Gegenüber diesen Anforderungen nicht entsprechen kann, liefert am Ende die Rechtfertigung für das Scheitern der Beziehung. Beziehungsunfähige Menschen arbeiten oft mittels destruktiver Verhaltensweisen einer Trennung entgegen.

Der Partner empfindet dies meist rätselhaft. „Was macht er, was will er, mein Partner", sind klassische Fragen, und vor allem: „Wieso können wir nicht darüber reden?"

Beziehungsunfähige Menschen sind - auch aus vermeintlichem Selbstschutz - emotional verschlossen wie eine Auster und unfähig, sich dem Partner zu öffnen.

Sie haben Angst, oder schlichtweg keine Lust, Gefühle und Ängste zu erzählen. Allein dieser Umstand lässt das Paar immer mehr auf dünnem Eis laufen. Die natürliche

Folge sind ein Wechselspielchen von Trennungen, Versöhnungen, Trennungen....

Es erinnert an den Schneemann aus dem Zeichentrickfilm "Frozen", der unbedingt mal im Sommer ans Meer möchte. In der Welt der Comics klappt das sogar. Im real existierenden Leben geht der unterkühlte Beziehungsunfähige in eine Beziehung und sucht die Wärme und hält sie doch nicht aus.

Der Partner unserer Generation B kann nur erahnen, was im anderen vorgehen kann und fühlt sich dann als machtloser Zuschauer der eigenen Partnerschafts-Katastrophe.

Die Psychologin Bettina Alberti berichtet von einem Spezialfall der Beziehungsangst. Es geht um Menschen, die als Kind ihre Eltern emotional versorgen mussten. Diese Rollenumkehr pflanzt sich weiter fort: "Als etwas älteres Kind teilen sie die Sorgen der Bezugsperson und werden so als Partnerersatz emotional missbraucht. Häufig geschieht dies, wenn die Beziehung zwischen den Eltern schwierig ist oder das Elternpaar sich getrennt hat."

Diese Erfahrungen können dann die Basis des emotionell-missbräuchlichen Bindungsstils bilden. Er kommt öfter bei Männern vor und sorgt für spätere Schwierigkeiten in Liebesbeziehungen: Jeder legitime Wunsch des Partners nach mehr Nähe weckt bei Menschen mit diesen Erfahrungen die Befürchtung, emotional benutzt zu werden. Die Angst vor einer engen oder intimen Beziehung besteht dann darin, die Autonomie und das eigene Identitätsgefühl zu verlieren.

Schließlich gibt es einen weiteren Bindungsstil, den schwierigsten überhaupt, der es den Menschen mit Sicherheit schwer macht, vertrauensvolle Beziehungen einzugehen. Es geht um Menschen, die als Kind extrem vernachlässigt wurden oder Gewalt erleben mussten. Diese Erfahrungen lösen eine innere Desorganisation aus. Schließlich wird das Leben als unzuverlässig erlebt, es gibt kein Vertrauen zu anderen. Diese Menschen sind durch ihre Erfahrungen traumatisiert. Sie haben keinen Halt, keine Vorstellung von einer funktionierenden Beziehung und sehr viel Angst im Kontakt mit anderen.

Elf verräterische Sätze

Mit einem beziehungsunfähigen Mann lässt sich schwerlich eine Beziehung führen. Nur, woran erkennt man diese Spezies Mensch? Die Frauenzeitschrift Brigitte hat den (nicht immer ernst gemeinten) Versuch unternommen, verdächtige Sätze zu finden und für die Leserinnen zu übersetzen.

1) Er sagt: "Ich finde, wir sollten einfach alles auf uns zukommen lassen."

Er meint: Inklusive anderer heißer Mädels, die ich auf mich zukommen lasse.

2) Er sagt: "Ich bin ja nicht so der Typ, der weit in die Zukunft voraus plant."

Er meint: Mit Dir jedenfalls nicht.

3) Er sagt: "Kinder? Ich bin ja selber noch total das Kind."

Er meint: Komm mir bloß nicht mit "Verantwortung übernehmen".

4) Er sagt: "Da willst du wirklich nicht mit hin. Da kommen nur langweilige Leute."

Er meint: Ich habe keine Lust, da mit Anhang aufzutauchen. Wer weiß, wer noch alles da ist ...

5) Er sagt: "Noch wach? Lust auf ein Date?" – SMS nachts um 1 Uhr.

Er meint: Ich will Sex - jetzt.

6) Er sagt: "Ich bin einfach noch nicht wieder bereit für eine feste Beziehung."

Er meint: Ich will mir alle Türen offen halten. Vielleicht finde ich noch eine Bessere.

7) Er sagt: "Ich glaube nicht an die Ehe."

Er meint: Du hast mich jedenfalls noch nicht davon überzeugt.

8) Er sagt: "Sorry, ich muss unser Date auf morgen verschieben."

Er meint: Soo wichtig bist Du mir jetzt auch nicht.

9) Er sagt: "Meine drei Ex-Freundinnen waren echt nicht ganz klar im Kopf."

Er meint: Frauen sind immer daran Schuld, wenn eine Beziehung scheitert.

10) Er sagt: "Zusammen in den Urlaub? Aber ich geh jedes Jahr Schnorcheln mit meinen Kumpels."

Er meint: Und daran ändert sich auch nichts, nur weil wir in die Kiste gehen.

11) Er sagt: "Irgendwann kann ich mir schon mal Kinder vorstellen"

Er meint: Aber nicht mit Dir.

Drei Opfer (und Täter)

Natürlich, um das noch einmal betont zu haben, gibt es viele Schattierungen der Bindungsprobleme. Eine davon ist die Angst, nicht gut genug für den anderen zu sein. Drei plastische Beispiele:

Susanne, 38, Kindergärtnerin, erzählt: "Vor dieser einen, besonderen Partnerschaft hatte ich eigentlich nie den Eindruck, Bindungsprobleme zu haben.

Ich konnte mich meistens fallen lassen, bis ich vor einem Jahr einen Mann getroffen habe, den ich als sehr stark empfunden habe. Wir trafen uns beim Feiern mit Freunden und waren sofort aufeinander fixiert. Ich glaubte fast, den Boden unter den Füßen zu verlieren. So stark die Anziehung aber auch war, sie machte mir auch Angst.

Davor war ich ein Jahr unglücklich gewesen wegen des Endes einer anderen Beziehung. Das wollte ich nicht noch einmal durchmachen müssen. Ich war einfach nicht stark genug. So verpasste ich diese Beziehung, bei der ich meiner Meinung nach zu abhängig gewesen wäre. Er meldet sich noch, aber ich erfinde alle erdenklichen Ausreden, um ihm aus dem Weg zu gehen."

Iris, 40, Architektin:

"Ich traf Omar in Dubai bei einer Dienstreise. Gleich beim ersten Blickwechsel wusste ich: Nie wieder werde ich einen lieben wie ihn. Er setzte sich zu mir. Bereits da dachte ich: Achtung der Typ ist zu perfekt für mich.

Er fragte mich, ob wir eine Wochenendbeziehung führen könnten für den Anfang. Da verkrampfte sich mein Magen.

Ein Mann, für den ich sterben würde, aber ich traute ihn mir nicht zu. Aus der Wochenendbeziehung wurde nichts, ich heulte einen Monat lang, aber ich konnte nichts gegen meine Angst machen.

Sofia , 37, Lehrerin:

"Was habe ich ihn bewundert. Wie er schreiben kann, wie intelligent und elegant er war. Nach einer heißen Nacht sah es aus, als ob wir jetzt so gut wie zusammen seien. Aber ich machte mir Gedanken, dass er merkt, wie viel weniger perfekt ich bin als er. In einer Beziehung muss man auf Augenhöhe sein, sonst wird das nichts.

Wir verstanden uns in und außerhalb des Bettes fantastisch. Doch jedes Mal war ich verunsichert. Ich wollte ihn nicht mehr als zwei Mal die Woche treffen, weil ich Angst hatte, nichts mehr zu erzählen zu haben.

Alles hätte perfekt sein können, aber ich hatte große Furcht, dass er mich nach ein paar Monaten verlässt. So verhielt ich mich dann auch. Distanziert und kalt."

Generation was???

Generation X, Generation Y, Generation Golf, Generation What? Wer versteckt sich eigentlich hinter diesen ganzen Schlagwörtern der heutigen Diskussion?

Um es in banalen Zahlen grob auszudrücken:

Die "Generation Y" (zu welcher auch die Generation Beziehungsunfähig gezählt wird) ist zwischen 1980 und 1990-2000 geboren, ist also heute zwischen 26 und 46 Jahre alt.

Generation Golf überlappt sich, und ist grob zwischen 40 und 55 Jahre alt.

Die Generation X ist von 1960 bis 1979 geboren, also heute zwischen Mitte 30 und Mitte 50.

Theoretisch sind die ab 2000 geborenen die Generation Z.

Das "Y" geht auf die englische Aussprache des Buchstabens zurück ("Why", also Warum) , was wiederum auf das Hinterfragen der Generation hinweisen soll.

Sie lieben Technologie, weil sie die ersten Digital Natives sind. Der Generation Y sagt man nicht nur in Liebesdingen nach, narzisstisch und egoistisch zu sein. Sie wurden in einer Zeit geboren, in der eine Lebensweisheit plötzlich nicht mehr galt: Dass es der

Kindergeneration wirtschaftlich immer besser gehen wird als den Eltern.

Nicht etwa, dass das irgendjemand verbindlich festgelegt hätte, aber vor allem Soziologen, Trendforscher und Werbeindustrie lieben solche Kategorien. Und man muss sagen: Es gibt schon auch einige Unterschiede zwischen den Generationen. Die "Y" sind sogenannte „Egotaktiker", die alle essentiellen Lebensentscheidungen welche nach Vorteilen und Nachteilen für die eigene Person und ihr Wohlbefinden abschätzen.

Die Generation Y hat in der sensiblen Zeit ihres Jugendalters den Terroranschlag in New York, weltweite Kriege und Krisen und die Finanz- und Eurokrise mit in vielen Ländern einer verheerenden Jugendarbeitslosigkeit erlebt. Sie hat gelernt, das Beste aus jeder noch so undurchsichtigen Lage zu machen, zu taktieren, um sich stets möglichst viele Optionen offen zu halten. Für Unzufriedenheit bei der „Generation Nice" (New York Times), sorgt nicht in erster Linie eine wacklige Beziehung, sondern lückenhafte Facebook-Timelines und Instagram-Accounts der Freunde und Bekannten. Dann nämlich, wenn die Kumpels nur Positives posten, aber die Niederlagen hinterm Berg halten.

Die Generation Golf (grob zwischen 40 und 55 Jahre alt) hingegen ist eher das soziologische Erbe von Ludwig Erhard, Pink Floyd und John Travolta.

Die Generation Golf wuchs politisch in sehr viel überschaubareren Bedingungen auf, als die "Y": Der Kalte Krieg unterteilte die Welt in Gut und Böse, die Eltern waren stolz, weil man quasi automatisch mehr als sie erreichte. Die Golf-Generation sucht Eigentum, Wohlstand, Geborgenheit, Beruflichen Erfolg auch um des schnöden Geldes und des Status Willen.

Die Kritiker kreiden ihnen an: Uniformität, Rückzug aus dem Politischen, Fokussierung auf Materielles – bloß keine Extreme, ein Schritt nach dem anderen. In den 60ern und 70ern geboren, haben sie als zentrales Motiv die Ablehnung der Wohlstandsgesellschaft, in die sie hineingeboren wurden.

In dem Buchtitel "Generation soundso" scheint ein geheimer Zauber zu schlummern. Denn es werden viele Fliegen mit einer Klappe erschlagen. Eine komplette Generation eben. Nicht schlecht!

"Die Jugend ist super. Und super anstrengend", schreibt etwa das Jugend-Onlinemagazin Bento. "Weil da immer diese größtmögliche Fallhöhe von Emotionen ist. Von Glück und Unglück, Überheblichkeit und Angst, vieles gibt es zum ersten Mal, den Sex, die Drogen, Unabhängigkeit, Arbeit, aber auch Arbeitslosigkeit, da wird die Heimat plötzlich zur Wildnis, alles neu, alles frei, einiges bedrohlich, gefährlich."

"Generation What?" heißt das multimediale Projekt, in dem TV-Sender aus zwölf Ländern Europas und in Deutschland das ZDF den aktuell 18- bis 34-Jährigen auf den Zahn fühlen wollen (die Umfrage wird bis Frühjahr 2017 aktualisiert). Wer sind die Jungen eigentlich? Was denken und fühlen sie zum Beispiel in Europa? An der groß angelegten Jugendstudie beteiligen sich elf Länder, eine Million Menschen.

Generation Bett? Gerne lassen sich junge Menschen für "Generation What" auf allerlei Betten filmen. Sind sie so jung schon so müde? Oder wollen sie mit dem Bett etwas Heimeliges in die kalte Welt des Internet bringen?

Wissen wollte die Untersuchung Grundsätzliches: Etwa, ob man der Politik überhaupt vertraue, interessanter finden die Betroffenen aber Themengebiete wie "Schmetterlinge im Bauch".

Es zeigt sich, dass 36 Prozent (behaupten) schon einmal Sexspielzeug verwendet zu haben; dass 91 Prozent meinen, ihre Eltern seien rückhaltlos stolz auf alles, was die Kinder in ihrem Leben getan haben und dass sich schon 49 Prozent gemeinsam mit den Eltern betrunken haben. Was Leute halt so behaupten, wenn es keiner nachprüfen kann.

Wo also liegt der soziologisch und politisch so enorm bedeutsame Erkenntnisgewinn der Studie der ominösen "Generation What"?

Der Ursprung von "Generation What" wurde als "Génération Quoi" in Frankreich erstmals 2013 erwähnt. Die Soziologinnen Cécile Van de Velde und Camille Peugny hatten den interaktiven Fragebogen entwickelt, das Resultat war frustrierend. 210.000 junge Französinnen und Franzosen kürten sich zur "verlorenen", "geopferten" Generation ohne wahre Zukunftschancen. Das allerdings entspricht der französischen Grundbefindlichkeit, auch noch mit 80 Jahren.

Quantitativ und als Einblick in die Denkweisen ist "Generation What" ganz sicher ein internationaler und intermedialer Riesenerfolg. Inhaltlich nicht unbedingt, da aus vielen Auswertungen nur schwer Rückschlüsse zu ziehen sind.

Beispielsweise setzen sich Heere von Soziologen hinter die Auswertung sonderbarer Fragen wie "Hast du ein Tattoo?".

Auch dem Fernsehen wird das Ganze weder mittel- noch langfristig etwas bringen. Auf die Frage "Könntest du ohne Fernsehen glücklich sein?" antworten 81 Prozent mit "Ja".

Der Single, das unbekannte Wesen

Wer ist der Single, zu dem jeder Beziehungsgestörte automatisch wieder wird (wenn er sich wieder nicht enger binden wollte)? Nach Schätzungen soll ein Drittel der Deutschen ohne Bindung sein.

Wissenschaftler haben festgestellt, dass die Hälfte von ihnen Bindungsprobleme hat, während von den im Paar lebenden nur 19 Prozent dieses Problem haben. Interessant: Zwischen Männern und Frauen konnten keine Unterschiede festgestellt werden.

Dann wiederum gibt auf der einen Seite freiwillige Singles, die also gar keine Bindung suchen. Auf der anderen Seite unfreiwillige Singles, die sich gar nicht herantrauen an eine Bindung, die regelrecht Angst davor haben. Unfreiwillige Singles neigen in einer Beziehung eher zum Klammern, während sich die freiwilligen eher entziehen.

Sobald Spannungen auftreten, setzt der Fluchtreflex bei späteren Singles ein.

Die amerikanische Autorin Jillian Straus interviewte 100 Singles unter 40 Jahren (von ihr "Generation X" genannt). Das ist noch nicht repräsentativ, aber interessant: Welche Beziehung wünschen sie sich? Was sind ihre Lebensziele? Ihre "Generation X" hat einige

Ähnlichkeiten mit unserer "Generation Beziehungsunfähig".

1. Der Ich-Kult

Die Angehörigen der Generation X sind auf die Erfüllung eigener Bedürfnisse ausgerichtet. Wünsche wie Selbstverwirklichung, Unabhängigkeit und eine eigene Berufskarriere haben die anderen Anliegen in den Hintergrund gedrängt. So sind bei jungen Erwachsenen die Pläne, sich für gemeinsame Ziele zu engagieren oder eine eigene Familie zu gründen, inzwischen vom ersten Platz der Rangliste der Lebensziele nach unten gewandert.

Früher begann spätestens mit dem Berufseinstieg die intensive Partnersuche. Heutzutage wollen viele noch im Alter von Mitte 30 vor allem ihr eigenes Ding machen und hoffen, dass sich ein fester Lebenspartner irgendwie nebenbei findet und pflegeleicht in die eigenen Lebenspläne einfügen lässt. Eine Illusion, so die Autorin, denn das Wort BeziehungsARBEIT sei auch erfunden worden, weil es ohne Arbeit nicht geht. Eine glückliche Beziehung ist ohne Abstriche beider Egos kaum zu finden.

2. Die Illusion, dass Liebe ohne Leiden möglich ist

Warum sich abmühen, warum Opfer bringen? Sich im Beruf abzumühen ist selbstverständlich, aber wer sich in der Liebe quält, könnte wohl etwas falsch machen, meinen Beziehungsunfähige oft.

Die jungen Erwachsenen erwarten vom Paar-leben Glücksgefühle und Bereicherung. Dass das Zusammensein ein schwieriger Prozess ist, der Leiden einschließt, darauf sind sie nicht vorbereitet. Fleißig im Beruf, nachlässig in der Beziehungsarbeit: Sobald es schwieriger wird, neigen sie dazu, die Partnerschaft zu verlassen und ihr empfundenes Recht auf eine reibungslose Beziehung mit einem neuen Partner zu verwirklichen. Sie glauben nicht, dass geteilte Freude, geteilter Schmerz und gemeinsames Ringen das Paar zusammenschweißen kann. Das ist mittlerweile auch eine Folge ihrer Erfahrungen: Wahrscheinlich haben sie öfter miterlebt, dass Paare sich trennten, als dass sie in guten und schlechten Tagen zusammenhielten und viele Tiefdruckgebiete gemeinsam überwanden.

3. Der Glaube an die unbegrenzte Auswahl

Wir leben in einer Konsumgesellschaft, viele Angebote suggerieren: Da draußen warten unzählige Möglichkeiten! Wer sich zu früh entscheidet, trifft womöglich nicht die beste Wahl, und wer sich mit dem Zweitbesten zufrieden gibt, ist ein armer Loser. Auch die nie versiegende Quelle potenzieller Lebenspartner ist scheinbar unendlich groß geworden: Gefischt wird nicht mehr in der eigenen Firma oder der Lieblingskneipe - ein überschaubarer Bereich. Für den mobilen globalisierten User stehen im Internet Millionen potenzieller Partner bereit.

Diese Angebotsfülle macht nicht in erster Linie glücklich, sondern ängstlich und unschlüssig. Viele greifen daher zu einem Hilfsmittel, sie erstellen eine Checkliste und gehen die Partnersuche an wie den Kauf eines DVD-Players: Sie machen sich ein Idealbild von gewünschten Eigenschaften der geplanten Anschaffung und bleiben bisweilen beim Prüfen stecken. Denn: Kein Sterblicher kann so perfekt sein, wie es der Internet-Katalog suggeriert.

4. Das Erbe der geschiedenen Eltern

Die unter 40-Jährigen sind besonders trennungserfahren. Viel öfter als Ältere mussten sie die Scheidung der Eltern miterleben. Das beeinflusst natürlich ihre eigenen Liebesbeziehungen: Scheidungskindern können Modelle fehlen, wie man sich als Paar streitet und trotzdem zusammen bleibt. Weil sie bei ihren Eltern oder im Bekanntenkreis erlebt haben, dass die Liebe zerbrechen kann, zögern manche, sich ganz auf einen Partner einzulassen. Diese mangelnde Hingabefähigkeit halten Wissenschaftler für den Hauptgrund, warum Trennungskinder statistisch ein höheres Risiko tragen, die eigene Ehe scheitern zu sehen.

Die Vorbehalte haben bisweilen bizarre Folgen für das Beziehungsleben. Aus Angst, selbst geschieden zu werden, schrauben einige die Ansprüche an den künftigen Partner enorm hoch: Sie wollen sich nur mit einem ganz besonderen und perfekten Menschen einlassen - in der oft vergeblichen Hoffnung, mit dieser Wahl Scheidungen verhindern zu können.

5. Die Folgen der Gleichberechtigung

Der Gedanke, dass Männer und Frauen gleichgestellt sind, ist selbstverständlich: Frauen führen heute ein eigenes Leben, sie sind berufstätig und finanziell unabhängig. Damit sind die alten Vorgaben vom Mann als Familienernährer und der Frau als Heimchen am Herd hinfällig. Aber wie führt man ein solches modernes Paar-leben unter den neuen Bedingungen? Ein Drehbuch, wie Mann und Frau sich heute verhalten, was sie vom anderen erwarten können, hat noch niemand geschrieben. Jüngere Menschen sehen sich vor der schwierigen Aufgabe, das neue Beziehungsleben ohne verbindliches Raster zu gestalten.

Daraus entspringen widersprüchliche Erwartungen: Straus fand bei Frauen Erwartungen wie: Versorge mich gut, aber lass mich gleichzeitig unabhängig sein. Bei Männern lautete die typische Doppelbotschaft: Du sollst mich brauchen, aber mute mir nicht die ganze Last der finanziellen Versorgung zu. Die Folge ist offenbar Verwirrung allenthalben.

6. Das Superstar-Modell

Jüngere Generationen haben erlebt, dass gesellschaftliche Klassen, überwindbar sind. Arbeiterkinder können studieren, der unscheinbare Junge von nebenan wird zum reichen Facebook-Star und die kleine Nachbarin zum Star einer Reality-Show im Fernsehen.

Man muss nicht unbedingt acht Semester studiert haben, um zum Superstar in der neuen Welt zu werden. Attraktiv erscheint vor allem das Leben von Prominenten. Weil sie in den Medien allgegenwärtig sind und jeder angeblich nur einen Schritt (oder Klick) davon entfernt ist, selbst entdeckt zu werden, neigen Menschen immer mehr dazu, sich mit den Reichen und Berühmten zu vergleichen und ihren üppigen Lebensstil nachzuahmen. Im Fernsehen werden Stars und Sternchen oft als Ungebundene dargestellt, die fern vom Familienalltag ein Leben in Luxus führen. Oder sie trennen sich ganz selbstverständlich, um kurz darauf mit einem neuen Partner eine noch bessere Verbindung einzugehen. Diesen Superstar-Standard nehmen Jüngere immer öfter als Blaupause: Sie suchen Glamour abseits vom Familienalltag, hoffen, dass das Leben ihnen ständig Aufregung durch neue Partner und Projekte bescheren wird, und glauben, dass das für ein erfülltes Leben reicht.

7. Partnerschaft auf Probe

Heute heiraten Menschen immer später. Das Verschieben hat Vorteile, vor allem Frauen können sich ohne Familienanhang ebenfalls der beruflichen Entwicklung widmen, und beide sammeln vorher Erfahrungen in Sachen Liebe. Autorin Straus ist aber überzeugt, dass zu viele Partnerschaften auf Probe eine Beziehungshürde darstellen. Während bei der ersten Liebe nur wenige Vorerwartungen herrschen, steigen die Ansprüche mit jeder Trennung. Jetzt wird aber alles besser! Je mehr Trennungen in Beziehungen Menschen erleben, desto skeptischer werden sie. Die Angst vor dem Scheitern steigt ebenso wie die unrealistischen Erwartungen an die Beziehung.

Weil man schon einiges Negatives mit Partnern erlebt hat, möchte man möglichst die nächste Falle vermeiden. Das Zögern, sich auf eine Beziehung einzulassen, birgt noch einen ganz anderen frauenspezifischen Nachteil: Aufgrund ihrer biologischen Uhr geraten Frauen, die Kinder wollen, spätestens ab Mitte 30 unter Zeitdruck, einen festen Partner zu finden. Männer im selben Alter fühlen sich dann häufig gedrängt: Weil sie viel länger zeugungsfähig sind, meinen sie noch reichlich Zeit zu haben.

Generation 08/15 - Wo ist das Problem?

Der Schriftsteller Thomas Meyer wehrt sich ganz unakademisch gegen allzu psychologisierte Beziehungen. Für ihn werden Beziehungen genau überinterpretiert, wo er einen quasi natürlichen Ablauf sieht.

"Am Anfang sieht es jedes Mal danach aus, als hätte man sie gefunden, die große Liebe. Doch dieser wunderbare Eindruck verflüchtigt sich meist rasch," schreibt er. Auch stabilere Verbindungen, die mehrere Jahre überdauern, kommen früher oder später an den Punkt, an dem sich mindestens einer der beiden fragt: «Hallo, was geht hier eigentlich ab?»

In unserem Kulturkreis gelte die Liebe entgegen aller Erfahrung als überbordendes "Füllhorn", das alle Beteiligten bis ans Lebensende glücklich macht. Allerdings sollte es vor allem der Andere, der Liebespartner sein, der das Paar in die Glückseligkeit transferiert. Diese Auslagerung des Ego-Glücks hingegen mache mindestens einen abhängig vom Partner.

Das wäre nicht weiter schlimm, wenn man genügsam sei, doch wer diesen Glücksanspruch an einen anderen Menschen stellt, wird mit einer gewissen Wahrscheinlichkeit enttäuscht.

Erfolgreiche Paare funktionieren seiner Meinung nach, weil keiner sein Glück vom anderen abhängig macht, sondern sich jeder selbst darum bemüht.

"Verlieben sie sich beispielsweise in jemanden mit einem schlechten Selbstwertgefühl," schreibt er, "dann werden Ihre Unterhaltungen bald nur noch Ihr angeblich liebloses Verhalten zum Thema haben." Irgendwann, so fürchtet er, wird man so viel Kritik an seinem schlechten Charakter entgegengenommen haben, dass man die Tür hinter sich zuknallt. Endgültig.

Erfolglose Paare, und es gibt einige davon, werden bestätigen, dass ihr Scheitern ein sehr schleichender Prozess war. Dass es kein einzelnes, spektakuläres Ereignis gab, sondern hunderte mikroskopische davon: Missverständnisse, Lieblosigkeiten, kleine Lügen und Enttäuschungen, wie sie alltägliches Zusammenleben mit anderen Menschen nun einmal mit sich bringt. Hier sind wir wieder an der Mutter allen Versagens: Die Partner lassen ihre Sprache immer liebloser und unachtsamer werden, verletzen einander damit. Nur rede man halt nicht darüber.

Dabei braucht der Mensch Raum und Zeit für sich selbst, andernfalls verliert er den Kontakt zu sich und wird überreizt. "Dadurch wird das natürliche menschliche Bedürfnis, regelmäßig allein zu sein und dadurch zu sich selbst zurückkehren zu können, immer wieder unterdrückt ", so Meyer, "und als möglicher Beleg für erloschene Liebe oder gar latente Beziehungsunfähigkeit gedeutet."

Meyer ist der Überzeugung, dass maximale Nähe eben nicht maximale Liebe bedeute.

Sicher, die beschriebenen Paarprobleme lassen sich mit einigem Aufwand ignorieren, damit man zusammenbleiben kann. Weil das so muss. Weil man nicht zu den Liebesverlierern zählen will, falls es so etwas gibt.

Generation Übertreibung - Und wenn alle gar nicht so unheilbar gestört wären?

Stefanie Stahl hat drei wissenschaftliche Bücher zur Bindungsfähigkeit geschrieben. Sie nennt die Problemkinder eher "bindungsängstlich", was bedeuten soll, dass sie durchaus Bindungen eingehen können, wenn auch mit Schwierigkeiten. Also kein Abgrund in alle Ewigkeit.

Der Bindungsängstliche geht trotzdem in der Beziehung auf Distanz. Auch Psychologin Stahl stellte fest: Oft sind Menschen gleichzeitig bindungssüchtig und bindungsängstlich.

Je nach Phase der Beziehung und wie sicher sie sich fühlen. Dieselbe Person kann, wenn sie ihren Partner noch an sich binden will, unheimlich klammern. Und dann, wenn der Partner "sicher" ist, vor dessen Nähe flüchten.

Es gebe "aktive" und "passive" Bindungsangst. Diese Rollen können wechseln. Alles nicht in Marmor gemeißelt. Die Psychologin sieht sogar ein Privileg der jungen Generation: "Heute können wir unsere Neurosen viel besser ausleben". "Es heißt immer: Unsere Zeit oder ´die Gesellschaft´ produzierten "Beziehungsunfähige", sagt die Wissenschaftlerin. "Ich glaube das nicht!"

Die Forschung geht davon aus, dass 20 bis 40 Prozent der Menschen einen sogenannten "unsicheren Bindungsstil" haben. Wobei bis zu 40 Prozent ja dann doch eine Menge Holz ist. Rein statistisch wäre ja dann einer dieser Spezies in fast jeder Beziehung. Doch dass sie Nähe fürchten, bedeutet nicht, dass sie nicht eine Beziehung führen können.

Passive Partner werden von Aktiven verletzt, die Aktiven verzweifeln an sich selbst und den gescheiterten Beziehungen. Dabei ist zu Beginn alles ganz leidenschaftlich – und dann sind die Gefühle auf einmal weg. Stop! Einbahnstraße! Oftmals an einer Stufe zu mehr Verbindlichkeit in der Beziehung, wenn man offiziell zusammenziehen oder gar heiraten will. Dann braucht einer plötzlich seinen "persönlichen Freiraum".

Das hat mehrere Gründe:

Zunächst Verlustangst. Denn wenn man sich auf den anderen einlässt, kann man verletzt werden. Also lassen sich viele Menschen gar nicht erst darauf ein.

Zweitens: Übertriebene Erwartungen. Weil ich als Kind gelernt habe, dass Liebe, in dem Fall der Eltern untereinander, an zu viele Bedingungen geknüpft ist. Dies betrifft vor allem "Erwartungsphobiker", welche Angst davor haben, jetzt so sein zu müssen, wie der Partner es erwartet, statt "mein eigenes Ding" machen zu können.

Ja, als tiefe Programmierungen, als Glaubenssätze. Zum Beispiel: "Für eine Beziehung muss ich mich verbiegen". Oder: "Mir ist es nur ohne Bindung möglich, wirklich frei zu sein". Darunter liegen noch viel tiefere Prägungen. Ein ganz grundsätzliches: "Ich genüge". Oder: "Ich genüge nicht".

Die Lösung ist im eigenen Innersten zu spüren, dass die Unfreiheit nur in meinem Kopf ist.

Menschen, die sich innerlich schwer abgrenzen können und deswegen Angst haben vor Vereinnahmung, die suchen die äußere Abgrenzung. Beispielsweise das Zusammenziehen in die gemeinsame Wohnung wird abgewehrt wie eine feindliche Invasion. Weil sie es eben so empfinden. Wie der Typ in einem Kapitel von Autor Nast, der sich gegen seine dominante harte Frau nicht durchsetzen kann, und sich anpasst, aber innerlich vollkommen zurückzieht. Bis er die Beziehung beenden will. Ja, vielleicht hätte er besser einmal den Mund aufgemacht. Genau, so ist der klassische Maurer. Desto mehr er sich zurückzieht, umso hysterischer wird die Frau, desto mehr zieht er sich zurück.

Beziehungsaffine Menschen haben mehr Sicherheit in Ihrer Kindheit oder Jugend erfahren, mehr garantierte Liebe. Daher schaffen sie es, Vertrauen in eine Liebe und einen Partner zu haben. Bindungsängstliche Menschen denken: So wie ich wirklich bin, kann mich keiner lieben. Sie ziehen eine Show ab. Das fühlt sich auf Dauer anstrengend an. Unfrei. Menschen die bindungsfähiger sind, haben gespürt, dass beides geht: Liebe und Freiraum.

Wir haben erstens ein lebensnotwendiges Grundbedürfnis nach Liebe und Bindung. Ohne würden wir sterben.

Und zweitens eines nach Autonomie und Freiheit. Unsere komplette Entwicklung geht von Bindung – im Mutterleib, durch die Nabelschnur, danach die "Ent-Bindung" – über vollständige Abhängigkeit von den Eltern in der Frühkindheit hin zu immer mehr werdender Autonomie. Erst krabbeln, laufen, dann sprechen wir.

Bei Menschen, welche Probleme mit Bindungen haben, wurde eins der beiden, oft aber auch beide Bedürfnisse durch die Eltern frustriert. Gibt es zu wenig Liebe – dann denken sie: "Bindungen sind schmerzhaft". Durch zu wenig Selbstbestimmung, zu viel Liebe: "Bindungen sind vereinnahmend. Da werde ich zerquetscht". All diese Dinge nehmen sie mit in ihre eigenen erwachsenen Beziehungen. Das kann nicht klappen.

Ich mache das jetzt seit 23 Jahren. Bei den meisten meiner Klienten besteht ein roten Faden bis zurück in die Kindheit. Wobei Genetik auch eine große Rolle spielt. Die einen sind eher dafür anfälliger, die anderen nicht. Es gibt auch Leute mit katastrophaler Kindheit, die Beziehungen können. Aber die richtige Mischung aus Freiraum und Geborgenheit ist grundsätzlich wichtig.

Die üblichen Verdächtigen: Männer (und Frauen)

Kommen Frau und Mann tatsächlich von Mars und Venus? Wenn Ja, wie geht man auf den beiden Planeten mit Gefühlen um? Denken Frauen wirklich anders als Männer? Viele Studien gibt es zu dieser Frage.

Als einer der markantesten Unterschiede stellt das Mitgefühl dar. Die "moralische Emotion" ist deshalb für Forscher so interessant, weil es hier nicht um primitivere Gefühle wie Angst geht. Und weil hier eine soziale Komponente mitspielt.

Das Mitgefühl ist vielschichtiger. Es sind mehr Denkleistungen notwendig, weil es um die Beziehung von zwei Menschen geht.

Um die beteiligten Denkprozesse besser zu verstehen, haben Wissenschaftler der Universidad Nacional Autonoma de Mexico in Queretaro Hirnscanner eingesetzt. So schaffte es das Team von Fernando Barrios die Aktivität verschiedener Regionen des Gehirns zu messen.

Die Probanden betrachteten Fotos und sollten ein Fingerzeichen geben, wenn ein Bild Mitgefühl auslöste, zum Beispiel beim Anblick des Fotos eines schwer kranken Kindes.

Überraschenderweise äußerten Männer und Frauen beim Betrachten der Bilder gleich häufig Mitgefühl, doch die jeweiligen Scanbilder waren sehr unterschiedlich. Die Aufnahmen der Frauengehirne sahen auf den ersten Blick komplexer aus, während bei den Männergehirnen nur an einigen wenigen Stellen Aktivität zu sehen war.

Eine genaue Analyse zeigte, dass mitfühlende Frauen den sogenannten "Gyrus cinguli" aktivieren, ein für die Empathie äußerst wichtiges Integrationszentrum. Dort werden das emotional relevante Beiträge aus vielen anderen Hirnregionen für zentrale Entscheidungen von Vorgängen zusammenführt. Bei den Männern hingegen tat sich nichts in dieser Region. Stattdessen war eine Region im "Scheitellappe" aktiv, welche eher für die Analyse von verschiedener Umweltbeobachtungen zuständig ist.

Bei Männern also schien das Mitgefühl vor allem als Ergebnis einer rationalen Analyse zu entstehen und nicht als wirklich emotional geprägtes Gefühl. Also eher MITdenken als MITgefühl.

Linda Rueckert von der Northeastern Illinois University warnt jedoch davor, das man nicht zu viel in die Scanbilder hinein interpretieren solle. "Die Unterschiede sind beeindruckend, aber ihre Bedeutung ist nicht sehr eindeutig." Es müsste noch einiges nachgeprüft werden, um die Aktivierungsmuster besser deuten zu können. Etwa, ob in ähnlichen Situation - wie z.B. bei der Regulierung von Emotionen oder der Bildung moralischer Urteile, vergleichbare Unterschiede zeigen, festzustellen seien.

Eine andere Frage, die sich den Forschern stellt, ist, ob die beobachteten Unterschiede biologisch grundsätzlich verschiedene Mechanismen bei Mann und Frau offenlegen, oder ob die Denkmuster eher erlernt sind.

Egal ob genetisch bedingt oder anerzogen, um zu sagen, dass Männer und Frauen öfters unterschiedlich denken, braucht man keinen Wissenschaftler.

Die Alltagsbeobachtung lehrt:

Männer fantasieren ganz anders als Frauen. Sie reagieren viel stärker auf optische Schlüsselreize. Frauen finden es erotischer, sich Geschichten anzuhören. Männer hingegen reagieren auf das, was sie physisch sehen. Ein nackter Frauenkörper ist so gut wie immer anziehend. Ein nackter Männerkörper für eine Frau noch lange nicht! Ob sie den erregend findet, hängt davon ab, was dieser Mann sagt, wie er schaut, was er macht.

Dazu gibt es übrigens eine interessante Studie: Frauen und Männer schauen in Sexfilmen beim interagierenden Paar auf die Frau. Denn Frauen betrachten den Film mit dem identifikatorischen Auge, sie denken sich in die Frau hinein. Männer hingegen im objektfixierten Modus.

Weitere Unterschiede:

Mädchen fangen nicht nur früher an zu sprechen als Jungs, sie verfügen im Alter von drei Jahren auch über den viel größeren Wortschatz. Meist reden sie auch verständlicher. In der Logopädie findet man daher auch viel mehr Buben als Mädchen.

Weil die Männergehirne stärker in Einzelbereiche strukturiert sind, können sie Informationen besser trennen und speichern. Auch kann ein Mann deshalb am Ende eines Tages Informationen einfacher in einer Schublade ablegen. Frauen werden ihre Probleme besser los, wenn sie darüber reden können. Wenn eine Frau abends mit Ihrem Mann redet, sucht sie keine Lösungen und will keine Schlüsse ziehen, sie will sich einfach nur ihre Probleme von der Seele reden. Sie lassen damit andere an ihren Gedanken teilhaben. Frauen denken gerne laut. Wenn Männer Probleme haben, dann reden sie meist nicht sofort, oder gar nicht darüber, denn das Reden stört sie bei der Lösungsfindung.

Frauen müssen lernen, dass Männer die Notwendigkeit über Probleme zu sprechen nicht empfinden - es sei denn, dass sie einen Lösungsvorschlag von ihnen erwarten. Sie sollten von daher das Schweigen der Männer keineswegs als Desinteresse auslegen.

Bei Frauen hat das Sprechen immer auch den Sinn, Beziehung zu pflegen. Für Männer dagegen liegt der Sinn des Redens darin, ihrem Gegenüber Fakten und

Informationen zu übermitteln. Das gilt auch fürs Telefonieren.

74 Prozent aller berufstätigen Frauen und 98 Prozent aller Frauen, die zu Hause bleiben, nennen als größten Fehler ihrer Männer deren Widerwillen zu reden, besonders am Ende des Tages.

Die Sätze der Männer sind kürzer und klarer strukturiert als die einer Frau. Die Redeweise von Männer verstehen auch die Frauen, während Männer es schwieriger finden, dem auf vielschichtigen Ebenen ablaufenden Sprechakt einer Frau zu folgen.

Männer benutzen die Sprache oft, um miteinander zu konkurrieren. Frauen verwenden Worte um Mitempfinden zu zeigen, Gemeinschaft herzustellen und Beziehungen zu festigen. Worte sind für sie eine Art Belohnung. Frauenbeziehungen werden gefestigt, wenn sie sich von Problemen erzählen. Männer meinen, Probleme zu erzählen sei eine Schwäche.

Um Beziehungen zu festigen bedienen sie sich eher einer indirekten Ausdrucksweise. Sie deuten das, was sie möchten nur an. Da Männer sehr direkt kommunizieren nehmen sie fast alles, also zu vieles, wörtlich.

Oft sind es Männer die bindungsunfähig sind. Aber sie haben keinesfalls ein Monopol auf diesen Missstand. Es gibt selbstverständlich auch Frauen, die sich nicht richtig auf eine enge Beziehung einlassen wollen.

Bei beiden Geschlechtern basiert die Bündnisschwäche auf schlechten Erfahrungen in der Kindheit oder mit früheren Beziehungen.

Doch bei Frauen sind die Gründe oft noch tiefer verankert. Sie können ihren Partner durchaus lieben. Und sie kann durchaus fähig sein, den Mann zu lieben und zu begehren. Aber den maßgeblichen Schritt wagt sie nicht – häufig aus einer starken Verunsicherung heraus und auch wegen der Angst, den Mann zwangsläufig zu enttäuschen.

Eher kontraproduktiv kann es dann sein, dass er sie regelrecht zur Rede stellt, warum sie sich nicht vollkommen engagieren will. Er könnte sie nur noch mehr verunsichern.

Wer einen beziehungsunfähigen Partner allein ändern will, ist schnell überfordert.

Sanft und liebevoll sollte er mit ihr umgehen, ihr aber auch erklären, dass sie professionelle Hilfe braucht. Das kann ein langer Weg sein, und falls die Liebe dies übersteht, kommt man auch die Möglichkeit einer Beziehung näher.

Gründe, warum Frauen Bindungsscheu zeigen

Heute können Frauen sehr gut alleine für sich selbst sorgen, die wenigsten benötigen noch einen Mann der Sie versorgt. Natürlich gibt es auch Frauen mit mehreren Kindern und ohne Ausbildung, die schlecht allein zurechtkommen. Aber das Gros der arbeitenden Frauen ist sehr selbstständig. Emotional zieht es vermutlich die meisten weiblichen Wesen zu einem männlichen Pendant, zu jemandem, dem sie vertrauen und bei welchem sie sich einfach fallen lassen können. Auch das Bedürfnis nach Sexualität und Zärtlichkeit spielt eine sehr wichtige Rolle für Frauen.

Dennoch ziehen es manche vor, Solo zu bleiben oder zumindest ihre eigenen vier Wände zu behalten. Möglicherweise liegt es auch an wechselnden Partnern oder sie sind mit zwei Männern gleichzeitig liiert. Viele sind auch mit ihrem Job verheiratet oder mit familiären Pflichten belastet, welche sie nicht teilen wollen. Zudem gibt es auch Frauen, die sich ungern von einem Mann helfen lassen – auf welchem Sektor auch immer.

Alleine die Liebe siegt?

Das wäre schön– und nicht selten ist es so.

Wenn Frauen, die sich bisher als beziehungsunfähig oder „beziehungsgeschädigt" eingestuft haben, jemanden finden, der sie wirklich „umhaut", ändern sie meist ihre Haltung. Nicht die Liebe, sondern das Vertrauen ist dabei meist ein entscheidender Faktor. Der Mann, welcher mit einer sperrigen Frau eine Beziehung eingehen will, kann dazu beitragen, dass das alles entscheidende Vertrauen aufgebaut wird. Um das zu schaffen, werden ihn keine unmenschlichen Anstrengungen abverlangt, aber gehen lassen darf er sich natürlich auch nicht. Wenn er sich zuverlässig und ehrlich verhält, ist schon viel gewonnen. Die Frau spürt bald, dass da jemand ist, auf den sie bauen kann, vertrauen kann, und der sie liebt.

Sind es also keine psychologischen, höheren Gründe wie anfangs beschrieben, sondern rationale, wird sich die Vernunft wahrscheinlich nach einer nicht allzu langen Zeitspanne, zu Wort melden. Die Frau wird bald einsehen, dass sie einen guten Fang gemacht hat, oder ihr das Glück in den Schoß gefallen ist. Vielleicht wird sie sich auch darüber klar, so eine Chance nicht allzu oft im Leben zu bekommen. Es kann gut sein, dass sie außerdem mit der Zeit auch die Vorzüge einer festen Beziehung erkennt, und eine Beziehung nicht mehr sofort mit Unfreiheit und Abhängigkeit gleichsetzt, sondern mit Geborgenheit und Glück. Natürlich wird das nur dann möglich, wenn sie irgendwann die Gefühle des Mannes erwidert und sich nicht dagegen sträubt.

Beziehungen lassen sich lernen

Die Beziehungen und Verbindungen, bei denen die Vorzeichen nicht immer günstig standen, sind in der Regel nicht die schlechtesten Kandidaten um daraus etwas längerfristiges zu gestalten, wenn man nur den gemeinsamen Ton findet. Neben den Gefühlen von Liebe und Leidenschaft entwickelt sich mit den Jahren auch ein starkes Zusammengehörigkeitsgefühl, welches von Dankbarkeit getragen wird. Dankbarkeit dafür, dass der Partner so geduldig war, oder auch, dass der andere letztendlich doch auf sein Herz gehört und Ja gesagt hat zum gemeinsamen Leben. Das Gefühl, füreinander da zu sein und vor allem gemeinsam die Zukunft zu planen, hat doch so viele Reize, denen sich kaum jemand entziehen kann.

Was tun als Betroffener?

Wer den Verdacht hat, beziehungsunfähig zu sein, sollte dies auf keinen Fall als unabänderlich hinnehmen, sondern sich alsbald an die Lösung des Problems machen. Darüber zu sprechen ist schwierig, aber nicht unmöglich. Es braucht kleine Schritte und einen Partner, der den vermeintlich Beziehungsunfähigen mit Fingerspitzengefühl begleitet. Sich selbst und den Lebensgefährten mit den Tatsachen konfrontieren, weil dies der einzige Weg ist, sich aus der negativen Spirale missglückender Beziehungen zu lösen. Ängste müssen erkannt und benannt werden.

Das ist die einzige Möglichkeit, den Partner bei der Stange zu halten und ihm eine Perspektive zu bieten. Nur so kann der Partner das Verständnis aufzubringen und Unterstützung geben. Ist die Liebe trotz großer Belastung groß genug, gibt es die Chance, langsam zu lernen, eine Beziehung zu führen. Es sollten keine Wunder erwartet werden, aber mit kleinen Schritten sind Fortschritte zu erzielen.

Falls es sich nicht im Paar verbessern lässt, ist ein Psychotherapeut vielleicht die professionellere Adresse. Professionelle Hilfe ist oft notwendig und eine gute Möglichkeit, sich dem Problem zu nähern. Beratung, Ursachenforschung und Aufarbeitung können kleine Wunder vollbringen - so sich der Patient darauf einlässt. Der Weg aus der Beziehungsunfähigkeit ist kein leichter.

Er kann Jahre dauern. Und er fordert die Partner. Doch irgendwann kann man seinem Partner wieder einen Rosengarten versprechen - und das Versprechen einhalten.

Es ist hilfreich, sich immer mal wieder folgende Frage zu stellen: Könnte es sein, dass ich gerade wieder auf alte, eingeprägte Erfahrungen reagiere und gar nicht auf die aktuelle Situation? Das wäre eine gute Übung, um beispielsweise unterscheiden zu lernen: Will mir der andere wirklich meine Autonomie nehmen? Will er mich wirklich verlassen? Oder hat mein Gegenüber ganz normale Wünsche an mich, möchte beispielsweise mit mir etwas unternehmen? Oder für sich sein? Vieles hängt davon ab, wie wir das Verhalten des anderen interpretieren. Der entscheidende Punkt ist, dass wir lernen zu unterscheiden: Reagiere ich auf das Hier und Jetzt oder auf Basis meiner verinnerlichten Erfahrungen, die vielleicht einen ungünstigen Bindungsstil gefördert haben?

So banal es klingen mag. Der erste Schritt zur Lösung des Problems, ist, es als real wahrzunehmen. Und darüber zu reden. Hier gibt es mehrere Stufen von Schwierigkeit: Wenn die Ursachen - wie bei vielen psychologischen Problemen - in der frühen Kindheit liegen, muss man tief graben. Das allerdings ist ohne psychotherapeutische Hilfe nur sehr schwer möglich.

Wenn es in den ersten Lebensjahren an Liebe und Fürsorge mangelt, setzt sich diese negative

Mangelerfahrung tief im Unterbewusstsein fest. Das Defizit hat Einfluss auf unser ganzes Leben und lässt sich nicht so einfach abschütteln.

Es erfordert vor allem Zeit und Geduld beider Partner, Offenheit und keine Angst vor dem Gang zu einem Psychotherapeuten. Doch die Verletzung können auch jüngeren Datums sein. Zum Beispiel gehen Menschen auch traumatisiert aus früheren Beziehungen hervor. Was die einfachere Therapieform ist im Normalfall. Doch auch gescheiterte Beziehungen können sich zur Bindungsphobie entwickeln.

Die Psychologin Stefanie Stahl meint den richtigen Ansatzpunkt gefunden zu haben: Das ´Schattenkind´ in jedem von uns ist eine Metapher für die negativen psychischen Prägungen, die man als Gepäck aus der Jugend mitbekommen hat. Und dieses Schattenkind sollte man besser kennenlernen, um zu wissen, warum man so reagiert wie man reagiert, in der Beziehung. "Das ist ja alles eine Software, die falsch programmiert ist, und an der Nutzeroberfläche stört. Die Betroffenen sehen den Desktop, verstehen die Software aber nicht. Die muss man neu aufspielen."

75 bis 90 Prozent der Menschen, die einen guten Psychotherapeuten finden, können eine Besserung feststellen. Wenn sie wirklich sagen: Ich will raus aus der Nummer, mich verändern. Wenn sie Verantwortung übernehmen für ihre Neurosen und aktiv mitmachen, sind die Chancen gut. So verliert Stahls "Schattenkind"

die Macht über die Patienten, und macht sie frei für eine echte, enge Beziehung.

Schlusswort

Vielen Dank für den Erwerb dieses Buches! Ich hoffe es hat dir gefallen, und du konntest den ein oder anderen Lösungsansatz erkennen, um mit Problemen, von auf den ersten Blick beziehungsunfähigen Personen umgehen zu lernen. Vielleicht hilft dir das Buch auch zu etwas mehr Verständnis für dieses vielschichtige Thema. Falls du bei dir selbst Ansätze zu solchem Verhalten feststellst, sei nicht zögerlich die Dinge auf den Tisch zu bringen, und zu verändern. Du selbst kannst diese Veränderung zulassen.

Viel Erfolg.

Haftungsausschluss

Die Inhalte dieses Buches wurden mit äußerster Sorgfalt erstellt. Für die Richtigkeit, Vollständigkeit und Aktualität der Inhalte wird keine Gewähr übernommen. Haftungsansprüche gegen den Autor, welche sich auf Schäden materieller oder ideeller Art beziehen, die durch die Nutzung oder Nichtnutzung der dargebotenen Informationen bzw. durch die Nutzung fehlerhafter und unvollständiger Informationen verursacht wurden, sind grundsätzlich ausgeschlossen, sofern seitens des Autors kein nachweislich vorsätzliches oder grob fahrlässiges Verschulden vorliegt. Der Autor distanziert sich von jeglichen Ansprüchen die wegen nicht erreichen der Ziele Erfolgsstrategien welche im Buch erklärt sind.

Urheberrechte

Bilder: Pixabay Photography

Gratis Ebook zum schmökern

Hier ist der Link zu einem meiner Ebooks, dass nach eintragen in meiner Emailliste gratis heruntergeladen werden kann.

http://breiseebook.buch-autoren.de